Cocina criolla

Sabores bien argentinos

Guisos
Empanadas
Carnes
Dulces

Por Matilda

Matilda
  Cocina criolla. - 1a ed. - Ciudad Autónoma de
Buenos Aires : Dos Tintas , 2013.

  1. Gastronomía.
  CDD 641.013

Índice

Introducción

La geografía de la Argentina es tan diversa que cada una de sus regiones tiene su plato típico y distintivo: un alimento característico que se trasladó de generación en generación, que se heredó de los antepasados, que se degusta en las fiestas especiales o que se presenta para agasajar a los turistas y visitantes que conocen cada lugar. Cuando hablamos de cocina criolla, hablamos de esa gastronomía que se divulga a lo largo y a lo ancho del país.

En el gran universo de pueblos y ciudades que componen la Argentina, hay poblaciones coloniales y originarias que desde hace siglos disponían de su alimentación nativa. Sin embargo, primero el paso de las corrientes colonizadoras y luego la llegada de inmigrantes son dos causas que le fueron dando forma a la cocina criolla.

La fusión de ingredientes, costumbres, mezclas, formas de cocción fueron moldeando la cocina del noroeste, del noreste, del centro y de la patagonia.

¿Cuántas veces hemos dicho "la Argentina tiene los cuatro climas, todos los relieves, todos los paisajes"? Y eso es muy cierto. Pero para esa enorme extensión de tierras y geografías hay lugar para las más variadas recetas. Muchas son exclusivas de una región; otras, como las empanadas o el asado, tienen su variante en cada rincón de la Argentina.

De este a oste. De norte a sur. Del frío al calor. Del mar a la montaña. Los argentinos tenemos un recetario propio de cada región. Vamos a disfrutar de nuestra cocina criolla.

Una breve recorrida por la cocina criolla

UNA BREVE RECORRIDA POR LA COCINA CRIOLLA

• DEL CENTRO

Cuando hablamos de la cocina del centro del país pensamos en cocina de campo y hacemos mención inexorablemente a la cocina pampeana, a sus inmensas extensiones y a los clásicos asados. Claro que la cocina de esta región del país es mucho más amplia y fusiona tradiciones aborígenes, criollas y de todas las corrientes migratorias. También, con variantes, en el centro del país se ingieren muchos de los platos; de otras regiones, por eso, al hablar de cocina "del centro" nos dedicaremos solo al asado.

Los cortes de la vaca, uno por uno:

Aguja

También se lo conoce como roast beaf. Es uno de los cortes más deliciosos. Es ideal para las carnes picadas más especiales. También se obtienen bifes que quedan muy sabrosos al horno de barro o al disco.

Asado de tira

Se vende cortado en tiras de diferente ancho. Es uno de los cortes infaltables en el asado criollo.

Azotillo

Cuando es de un animal joven tiene un sabor similar al matambre. Bien picado es ideal para hamburguesas o albóndigas.

Bifes anchos

Están ubicados en el extremo posterior del costillar. Si se los retira aun jugosos de la parrilla tienen un sabor muy agradable.

Bifes angostos

Es una carne seca, pero de gran sabor. Son los bifes de la primera sección del costillar.

Bifes angostos con lomo

Este tipo de corte de gran sabor se consigue solo en las carnicerías que comercializan carne de animales pequeños.

Bifes de chorizo

Son los bifes a los cuales se les retiró el hueso. Generalmente se extraen de animales grandes.

Bola de lomo

Es un corte que está unido al vacío. Se lo emplea en milanesas.

Cogote

Sigue a la aguja. Es un corte más popular que se lo comercializa en forma de picada común.

Colita de cuadril

Acompaña al cuadril. Es pequeña, pero tierna y sabrosa para hacer al horno. Con papas es imperdible en el horno de barro.

Costillar

Es la parte del animal que se separa de la falda y de la tapa de asado. Se vende en tiras.

Cuadrada

Es un corte de carne que se usa casi exclusivamente en el corte de milanesas.

Cuadril

Se extrae de la parte trasera baja del animal. Esta acompañada de una colita. De este corte se obtienen bifes ideales para el horno, la plancha y la parrilla.

Entraña

Se encuentra junto al costillar de la vaca. Es un corte ideal para hacer a la parrilla.

Falda con hueso

Es la parte de la carne que se recorta del pecho del costillar. Cuando no tiene grasa se puede hacer a la parrilla.

Falda sin hueso

Se puede hacer a la parrilla, al disco o al horno de barro. Se lo conoce como pechito de ternera deshuesado.

Lomo

Es el corte argentino que distingue a nuestra carne en el mundo. Si el asado a realizar es muy especial, se puede hacer a la parrilla.

Matambre

Se ubica entre la paleta y el cuarto trasero. Es la primera que se saca de la media res.

Nalga

Es el corte del cual se obtienen las milanesas más grandes. Está ubicado en la parte trasera del animal y no tiene huesos.

Osobuco

Se extrae del garrón delantero y del garrón trasero del animal. Se lo vende en trozos y se lo usa en guisos y pucheros.

Palomita

Es usada en pucheros, guisos y estofados. Se ubica en el costado interior delantero de la paleta.

Paleta

Los extremos de la misma se usan para hacer carne picada. De su parte central se extraen bifes ideales para la sartén, la plancha o el disco de arado.

Peceto

Junto con el lomo es uno de los cortes de mayor precio y calidad. Ideal para milanesas y muchos platos fríos. Cortado en bifes puede hacerse en el disco de arado.

Tapa de asado

Está ubicada sobre la parte superior del costillar. Se puede separar del mismo o adquirirse juntos. En el horno de barro se tierniza.

Tapa de nalga

Es ideal para hacer al horno. En el de barro se convierte en un manjar. Pero para los asadores más expertos, a la parrilla es infaltable.

Tortuguita

Se la usa para guisos, pucheros o estofados. Se la suele picar. Se ubica junto a la cuadrada.

Vacío

Se ubica en el vientre del animal. Es uno de los cortes más especiales para hacer al horno o a la parrilla.

Las carnes de aves y de cerdo también son muy consumidas y llevadas a la parrilla.

• NOROESTE

Esta región abarca las provincias de Salta, Jujuy, Santiago del Estero, Tucumán, La Rioja, Catamarca y la mayor parte de Córdoba.

Los principales componentes de la cocina del noroeste son cereales y verduras (maíz, porotos, ajíes, zapallo, cebolla, zanahorias y harinas); especies de diferentes tipos e ingredientes para condimentar y cocinar (manteca, sal, aceite, ají, pimentón y azúcar) y diferentes tipos de carnes (llamas, corderos, chivitos, vizcacha). Por su parte, algunos pescados de río como el pejerrey, o de lagunas como la trucha también son empleados en las preparaciones norteñas.

El recetario del noroeste incluye tamales, humitas, locros, guisos y empanadas para todos los gustos.

• Las salteñas y jujeñas son empanadas que, generalmente, tienen carne cortada a cuchillo, papas, humita, pollo o jamón y queso. Pueden llevar cebollitas de verdeo, pasas, aceitunas y huevo duro.

• En Tucumán se sirve una empanada a base de carne, huevos, cebollitas de verdeo y pasas de uva. Las santiagueñas contienen pasas de uva y huevo duro. Pueden ser fritas.

• La Rioja y Catamarca ofrecen empanadas fritas y jugosas. Con aceitunas, pasas, papas y ajo en su relleno.

• Las cordobesas tienen aceitunas, morrones, huevo duro, pasas y suelen estar algo azucaradas.

Los principales platos:

Tamales:

Es una preparación que, con diferentes recetas, se saborea en casi todo el continente. Sus ingredientes principales son: harina de maíz y zapallo anco, pero no pueden faltar la carne de cerdo, de pollo o vacuna, los huevos, las pasas y varios condimentos. Se arma sobre hojas de chala.

Locro:

Es una especie de guiso que traspasó las fronteras de la región para convertirse en un plato típico de todo el país. Se cocina a partir de maíz, porotos, trozos de cerdo o panceta, zapallo, chorizos, hortalizas, mondongo, garbanzos, cebolla, ajíes, etc. Se sirve en cazuelas de barro.

Humita:

Es una preparación similar a los tamales. Lleva choclo, queso, cebolla, tomate, perejil y albahaca. Hay dos variantes de humita: la norteña, que se sirve en cazuelas; y la humita en chala que, como su nombre lo indica, se sirve sobre hojas de chala atadas formando un paquetito.

Charqui:

Es una lonja o tira de carne de vaca, cordero, cerdo, llama o ñandú, sin hueso, que es expuesta al sol durante algunos días, con sal, para que se seque y se conserve. Es una preparación de origen gaucho, que se hacía para extender la durabilidad de la carne y poder transportarla en los largos viajes.

Carbonada:

Especie de puchero elaborado a partir de carne, zapallo, choclo, papas, tomates, arroz y duraznos. Para ser aún más autóctono, se puede servir dentro de un zapallo cocido en el horno.

Chafaina:

Es un guiso preparado con menudos y sangre de corderito. También puede llevar pasas de uva.

Chicha:

Bebida elaborada a partir de agua y harina que lleva dos procesos de fermentación. Se consume en las fiestas.

Chicharrones:

Son trozos de grasa, pequeños y derretidos, que se incorporan al pan entre otras funciones.

Guascha:

Es similar al locro, pero con mayor aspecto de sopa. Es una preparación espesa obtenida a partir de grasa de pella, choclos, zapallo y ají picante.

Puchero:

Famoso en todas las provincias es originario del norte. Se hace colocando dentro de una cacerola carne magra, papas, batatas, zapallo, zanahorias, choclo y otras verduras y hortalizas. También puede llevar otras carnes como cerdo y algún tipo de chorizo. En algunas provincias se les suele incorporar el charqui.

Los postres, dulces y bebidas:

Gaznates, alfeñiques, nueces confitadas, pastelitos, alfajores, colaciones, membrillo, cuaresmillo, dulce de cayote (solo o con nuez), dulce de zapallo, higos en almíbar, arropes de chañar y uva, quesillo con miel de caña, turrones y mantecados.

El vino torrontés originario de Cafayate, en los Valles Calchaquíes, es el principal compañero de las comidas y de las tablas de quesos.

• NORESTE

Enmarcada por la fuerte presencia de los inmensos ríos que la rodean, la gastronomía de las provincias de Entre Ríos, Corrientes, Misiones, Chaco, Formosa y Santa Fe adopta muchas costumbres y variantes de la cocina del noroeste y de la región central. Por la geografía, los pescados se convierten en primeras figuras a la hora de armar el menú. El recetario mesopotámico ofrece alternativas como: dorado, surubí, pejerrey, pacú y patí, entre otros. Las provincias de Misiones y Corrientes se destacan por la producción de yerba mate y té, y por la utilización de mandioca en todo tipo de preparación. La gastronomía entrerriana, además de contar con la costumbre de consumir grandes cantidades de pescados en sus ciudades costeras, aprovecha sus condiciones geográficas para disfrutar de productos ganaderos, como el asado criollo. También es muy importante la cría de pollos, que forman parte de la elección culinaria de la zona. En Santa Fe, el producto más destacado de su gastronomía es el clásico alfajor santafesino. Se elabora con dos galletas unidas por dulce de leche o dulce de fruta con un baño glaseado. Otra exquisitez es la ensaimada rellena de crema pastelera.

Principales delicias de la región:

Mandioca:
Especie de papa autóctona que se utiliza en muchas recetas regionales.

Mate:
Esta infusión con fuerte categoría de ritual social, encuentra en el noreste del país uno de los lugares con más admiradores. Aquí se toma mate tradicional y otras alternativas, como beberlo frío, o con diferentes agregados (hierbas aromáticas, frutas, etc.).

Chipá:
Se hacen a partir de harina de maíz, almidón de mandioca y huevo. Se presentan en forma de pequeños bollitos, similares a pancitos saborizados.

Chipá guazú:
Es un choclo rallado, bañado con leche y envueltos en hojas verdes.

Mbaipy de pollo:
Pollo hervido con perejil, morrones, cebolla, cebollita de verdeo, orégano y queso. Se cocina en forma de caldo.

Quibebe:

Es una sopa norteña que contiene diferentes tipos de quesos. Se consume en la mesopotamia, especialmente en Corrientes y Misiones.

Yoporá:

Es un guiso hecho con mandioca, porotos, maíz y diversos condimentos.

Pedro Vicente:

Nombre con el que se conoce a un puchero chico. Elaborado a partir de diferentes legumbres, zapallo y choclo. Tiene aspecto de sopa y se degusta casi con exclusividad en la provincia de Entre Ríos.

Sopa paraguaya:

Adoptada del país vecino, es una preparación con leche, aceite, cebolla, queso, huevo, harina y otros ingredientes que se cocinan como un caldo.

• PATAGONIA

La patagonia argentina es una extensa área conformada por las provincias de Río Negro, Chubut, Neuquén, Santa Cruz y Tierra del Fuego. En la patagonia encontramos áreas muy bien diferenciadas y cada una de ellas tiene su atracción gastronómica. Así, sobre la costa atlántica, los frutos de mar son la especialidad; en el centro, el cordero patagónico, en sus más variadas recetas, es la estrella destacada; en tanto que, en la zona montañosa, la base de los platos típicos está conformada por truchas, ciervos, salmones y la influencia de los sabores incorporados por las fuertes corrientes inmigratorias.

Para destacar:

Cordero patagónico:

Ha cobrado un merecido reconocimiento a nivel mundial. Las condiciones de temperatura y humedad de la región, sumadas a una dieta de pastos secos naturales y leche materna, hacen que sea un producto naturalmente orgánico, libre de hormonas y fertilizantes. En consecuencia, su carne es fibrosa pero tierna, de un color rosa pálido y textura suave. El peso ideal para asarlo es de, aproximadamente, 9 kilos.

Ciervo colorado:

De origen europeo, su carne es fibrosa y magra, de un sabor fuerte, que depende de la edad y la alimentación del animal. Se comercializa fresco o envasado al vacío.

Piche o quirquincho:

Su carne es muy apreciada y autóctonamente se cocina en su propio caparazón, directamente sobre las brasas.

Guanaco:

Su carne es exquisita y fue una de las elegidas para subsistir, por los pueblos indígenas del sur de la región. Sirve para hacer embutidos y carnes sazonadas.

Ñandú:

Se consume solamente la "picanilla", que viene a ser la pechuga. Con ella se pueden preparar milanesas, empanadas o pastel de carne.

Jabalí:

Por ser un animal salvaje, la carne retiene más agua y eso la hace más tierna y agradable a la hora de consumirla. Es una carne rica en fibras rojas.

Liebre:

Su carne presenta una coloración más oscura que las carnes rojas y es tierna cuando el ejemplar es joven.

Perdiz:

Su excelente carne y reducido tamaño la hacen muy codiciada para la gastronomía, en especial en conserva.

Vizcacha:

Su carne es blanca y muy deliciosa. Para muchos, de mejor sabor que la del conejo.

Pescados:

En la costa atlántica, existe una importante variedad de pescados y bivalvos aptos para la gastronomía. Entre ellos, podemos citar: meros, congrios, abadejos, merluzas, cholgas, mejillones y almejas. Por su parte, entre los crustáceos, las centollas pueden ser preparadas de varias maneras.

En cuanto a las truchas, su textura y sabor suave permiten realizar gran variedad de platos que hacen de la cocina patagónica verdaderos manjares. Habitantes de ríos y lagos de toda la región, estos ejemplares pueden servirse enteros o en filete, a la parrilla, sobre las brasa, rellenas o salteadas.

Frutos silvestres, hierbas aromáticas y hongos:

Frutillas, moras, frambuesas, zarzamora, arándanos, grosella roja o negra y cereza dulce, entre muchos otros, conforman una importante variedad de gustos para lucirse. También, las hierbas aromáticas como albahaca, menta, tomillo, perejil, cilantro y savia. Por último, es importante mencionar la utilización de los hongos silvestres, capaces de deslumbrar por sus diversas formas y exquisito sabor, ricos también en vitaminas y minerales.

Recetas

RECETAS

Parrillada criolla

Ingredientes:

- Chorizos 10
- Morcillas 6
- Chinchulines 250 g
- Mollejas 500 g
- Tira de asado 2,5 kg
- Tapa de asado 2 kg
- Vacío 2 kg
- Lechuga criolla 4 plantas
- Tomates 8
- Cebollas 4
- Aceite

- Sal parrillera
- Sal fina
- Chimichurri
- Salsa criolla

Preparación:

• Los ingredientes descritos son para un asado de alrededor de 10 comensales adultos. De acuerdo a los invitados, a la cantidad de mujeres y niños y a las ganas de saborear un buen asado deberá modificar estos ingredientes.

• Encender el fuego según su preferencia. El mismo deberá ser abundante. Además, por tratarse de un asado más grande, se tendrá la precaución de conservar otro fuego fuera de la parrilla, para obtener más brasas si fuese necesario.

• Sobre unas fuentes, bandejas o tablas de madera colocar los trozos de carne.

• Si tuviesen grandes excesos de grasa cortarlos con un cuchillo, pero no es aconsejable quitar toda la grasa. Recordemos que la misma, durante la cocción, contribuye a dar ese clásico gusto criollo a la carne.

• Salar la carne.

• Preparar las mollejas como se indica en su receta respectiva.

• Colocar los chorizos y las morcillas en los tridentes que se utilizan para esa labor.

• Cuando el fuego esté listo, es el momento de colocar cada uno de los cortes de carne sobre la parrilla.

• El asado deberá tener en cuenta los gustos de los comensales para cocinar la carne. Sin embargo se deberá seguir un orden más o menos estricto: primero las achuras (chorizos, morcillas, chinchulines, mollejas) y luego los cortes más grandes (tira de asado, tapa de asado, vacío).

• Preparar la ensalada con las verduras y condimentarla. En un asado criollo, no debe faltar el tomate, la lechuga y la cebolla. Pueden servirse juntos o separados.

• Servir los ingredientes en orden, de a poco, para que siempre llegue la comida caliente a la mesa y acompañar con la ensalada.

• Llevar a la mesa la sal fina, el chimichurri y la salsa criolla. Cada comensal condimentará su carne a gusto.

• Acompañar de vino tinto.

Lomo a las brasas

Ingredientes:

- Lomo 1,5 kg
- Sal parrillera
- Sal fina
- Pimienta
- Ensalada de lechuga criolla 4 porciones

Preparación:

• Es el corte de carne que más deslumbra a los visitantes. Su cocción es simple, pero requiere mucha atención y experiencia, por eso, solo los asadores más avezados se animan a llevarlo a la parrilla.

• Encender el fuego, preferentemente con leña, hasta formar brasas moderadas y abundantes.

• Colocar el trozo de carne sobre una tabla de madera y salarla con muy poca sal parrillera.

• Cuando las brasas estén a punto colocar la carne sobre la parrilla.

• La cocción debe ser muy lenta y cuidada, ya que el lomo debe dorarse por fuera y mantenerse jugoso por dentro. Según el gusto de los comensales, ese interior jugoso puede aumentar o disminuir, pero nunca debe secarse.

• Alcanzado ese punto, cortar el trozo de carne en bifes de 1 a 2 centímetros.

• Cocinarlo 2 minutos más y añadir sobre la carne sal fina y pimienta a gusto.

• Llevar a la mesa junto a una porción de ensalada de lechuga.

• Este corte debe acompañarse con un vino tinto malbec, sin excepciones.

Bifes de campo

Ingredientes:

• Bifes de costilla (a elección) 8
• Sal parrillera
• Ensalada mixta 4 porciones

Preparación:

• Adquirir los bifes que sean de su agrado. En lo posible que sean grandes, con el hueso y lomo.

• Sobre una tabla de madera retirarles los excesos de grasa, pero sin quitarla toda. La grasa ayuda durante la cocción y le da a la carne ese sabor tan distintivo.

• Salarlos a gusto.

• Llevarlos a la parrilla sobre una brasa moderada y uniforme y con la parrilla colocada a 25 centímetros del fuego.

• Asarlos a gusto (jugosos o secos), pero no pincharlos y solo darlos vuelta una vez durante el proceso.

• Servir acompañados de una porción de ensalada mixta.

• Compartir con vino tinto.

Tira de asado

Ingredientes:

• Tira de asado 2 kg
• Sal parrillera

Preparación:

• Colocar la carne sobre una tabla, retirarle la grasa de los bordes, pero solo los trozos más grandes.
• Salar a gusto y reservar a temperatura ambiente.
• Encender el fuego hasta que las brasas estén listas.
• Ubicar la carne sobre la parrilla con el lado de los huesos hacia abajo.
• Luego darla vuelta para asar el otro lado, pero sin pincharla.
• La distancia entre el fuego y la parrilla, la cantidad de brasas y el tamaño de la carne pueden modificar el tiempo de cocción, pero el mismo será de unos 45 minutos.
• Hay un punto exacto para retirar la carne del fuego. No es conveniente que la tira de asado se exceda en el tiempo que está sobre la parrilla. Es un corte de carne que, cuando está "jugoso", se disfruta mucho más.

Mollejas a la parrilla

Ingredientes:

• Mollejas de corazón 1 kg
• Agua 600 cm^3
• Limones 4
• Sal gruesa 2 cdas.
• Sal parrillera

Preparación:

• Exprimir los limones.
• Colocar el agua a hervir con la sal gruesa y el jugo de limón colado.
• Calentar a fuego moderado hasta que el agua llegue al punto de ebullición.
• Incorporar las mollejas y conservarlas dentro de la olla unos 7 u 8 minutos.
• Apagar el fuego, escurrirlas y colocarlas sobre una tabla hasta que se enfrien.
• Con un cuchillo filoso retirarles los bordes.
• Se pueden conservar enteras o cortarlas.
• Llevarlas a la parrilla y colocarlas sobre brasas moderadas.
• La cocción debe ser lenta y solo hay que darlas vuelta una vez.
• Se sirven durante la primera parte de la parrillada junto a las achuras y antes de llevar a la mesa los cortes más importantes como asado o vacío.

Cuadril a las brasas

Ingredientes:

- Cuadril (colita) 1,5 kg
- Sal parrillera
- Pimienta
- Papas al horno 4 porciones

Preparación:

- Encender el fuego.
- Colocar la carne sobre una fuente y salpimentarla a gusto.
- Colocarla en la parrilla sobre las brasas.
- La cocción será de alrededor de 60 minutos dependiendo del fuego, la carne y la separación entre las brasas y la parrilla.
- No hay que permitir que la carne se seque. El cuadril es uno de los cortes más tiernos, pero no debe excederse el tiempo de cocción.
- Servir en trozos de 2 a 3 centímetros y acompañarlos con una porción de papas al horno.

Consejo para tener en cuenta:

- Como la colita de cuadril tiene una forma desigual (es más ancha en un extremo y más angosta en el otro), se debe tener la precaución de colocar mayor cantidad de brasa debajo de la parte más ancha de la carne. Si la parrilla tiene una inclinación hacia delante, también se puede colocar la carne depositando la parte más fina hacia atrás y la más gruesa hacia delante.

Dorado a las brasas

Ingredientes:

- Dorado (aprox. 2,5 a 3 kg) 1
- Morrón rojo 1
- Morrón verde 1
- Cebollas 3
- Ajo 4 dientes
- Orégano 4 cdas.
- Tomillo picado 1 cda.
- Pimienta
- Sal

Preparación:

- Limpiar el pescado.
- Picar la cebolla, el ajo, los morrones y el perejil.
- Mezclarlos en un bol y añadirles un chorrito de aceite. Reservar para rellenar el dorado.
- Extender el papel de aluminio y colocar el pescado sobre el mismo.
- Condimentar el interior del mismo con sal, pimienta y orégano. Espolvorear con tomillo picado.
- Rellenar el mismo con la mezcla picada.
- Cerrar el pescado, envolver el papel y dejar los extremos abiertos para que se evaporen los líquidos y el vapor durante la cocción.
- Llevar el pescado envuelto a la parrilla con brasas de moderadas a fuertes.

• La cocción durará al menos 40 minutos. En ese momento, escucharemos dentro del paquete un ruido similar al de agua en estado de ebullición.

Lomo de cerdo a la parrilla

Ingredientes:

- Lomo de cerdo 1 kg
- Tomates 2
- Espinacas hervidas 500 g
- Queso blanco 100 g
- Ajo 2 dientes
- Aceite de oliva 3 cdas.
- Sal
- Pimienta

Preparación:

• Encender el fuego, preferentemente con leña.
• Colocar la carne a asar al calor de brasas moderadas.
• Escurrir las espinacas hervidas para retirarles el agua y que queden bien secas.
• Picar el ajo y rehogarlo en una sartén con aceite.
• Incorporar las espinacas y el queso blanco a la sartén.

• Mezclar todo, condimentar a gusto con sal y pimienta y reservar al calor.

• Cortar los tomates al medio y, unos minutos antes de retirar la carne de la parrilla, colocarlos a un costado de la misma en un lugar donde reciban muy poco calor.

• Servir la carne cortada en porciones con un acompañamiento de crema de espinacas y un tomate asado.

• Acompañar con vino tinto joven.

Parrillada para todos

Ingredientes:

• Pechugas deshuesadas 6
• Cuadril 600 g
• Chorizos 6
• Riñoncitos de cordero 300 g
• Salchichas parrilleras 6
• Cebollitas de verdeo 5
• Morrón verde 1
• Morrón rojo 1
• Aceite 5 cdas.
• Jugo de limón 50 cm³
• Tomillo picado 2 cdas.
• Sal fina
• Sal parrillera

- Pimienta
- Ensaladas a gusto (2 variantes)

Preparación:

• Preparar una pasta con el aceite, el jugo de limón, tomillo picado, sal y pimienta.

• Untar las pechugas de pollo con este adobo y dejarlas reposar 30 minutos.

• Durante ese tiempo armar pequeñas brochettes con riñoncitos de cordero, morrones verdes y rojos cortados en daditos, y trocitos de cebollitas de verdeo.

• Cortar el cuadril en bifes de 1 a 2 centímetros.

• Encender el fuego.

• Llevar las pechugas de pollo y los bifes a las brasas.

• Luego colocar los chorizos, las salchichas y las brochettes.

• Servir los ingredientes de a uno, acompañados por diferentes tipos de ensaladas a su elección. Se aconsejan, al menos, dos variantes bien diferentes.

Pollo a la parrilla

Ingredientes:

- Pollo 1
- Manteca 50 g
- Aceite 30 cm^3
- Jugo de limón 50 cm^3
- Vino blanco 30 cm^3
- Sal
- Pimienta

Preparación:

• Abrir el pollo, quitarle las vísceras y lavarlo bien.

• Colocarlo con la parte abierta hacia arriba, untarlo con manteca y rociarlo con aceite y jugo de limón. Añadir un chorrito de vino blanco y dejar descansar 1 hora. Salpimentar a gusto. También se puede reemplazar el limón por naranja.

• Encender el fuego.

• Llevar el pollo a la parrilla colocándolo abierto con la parte de la piel hacia arriba.

• Darlo vuelta una sola vez durante la cocción.

• Servir con guarnición de papas.

Empanadas de humita

Ingredientes:

- Discos de masa para empanadas 24
- Cebollas 3
- Choclo en granos 1 lata
- Choclo cremoso 1 lata
- Manteca 3 cdas.
- Leche 500 cm^3
- Harina 1 cda.
- Sal
- Pimienta

Preparación:

• Picar las cebollas y rehogarlas en manteca hasta que estén transparentes, incorporar la harina y revolver hasta formar una pasta.

• Agregar la leche tibia de a poco mientras se revuelve para que no se formen grumos en la preparación.

• Añadir las dos latas de choclo, escurridas.

• Rellenar las empanadas cuando se enfríe el relleno de humita.

• Cocinar en horno moderado 20 minutos.

Empanadas salteñas

Ingredientes:

- Discos de masa para empanadas 24
- Pollo cocido 500 g
- Carne picada 500 g
- Cebollas 3
- Papas 250 g
- Azúcar 50 g
- Manteca 50 g
- Huevos duros 2
- Sal y pimienta
- Comino
- Azafrán
- Orégano

Preparación:

- Hervir y cortar las papas y reservar.
- Picar las cebollas.
- Trocear el pollo bien chiquito.
- Rehogar las cebollas con la manteca en una sartén chica, hasta que estén transparentes.
- Sin separar del fuego incorporar la carne picada y el azúcar.
- Incorporar el pollo, las papas y los huevos picados.
- Condimentar a gusto con pimienta, comino, azafrán y orégano.
- Dejar enfriar y luego usar para preparar las empanadas.
- Hornearlas a temperatura moderada 25 minutos.

Locro

Ingredientes:

- Maíz pisado 2 tazas
- Alubias 1 taza
- Pata de cerdo 1
- Cuero de cerdo 150 g
- Panceta ahumada 50 g
- Falda 1/2 kg
- Tripa gorda 100 g
- Chorizo colorado 3
- Zapallo amarillo 1/2 kg
- Batatas 1/2 kg
- Cebollas de verdeo 2
- Pimentón dulce
- Ají molido picante
- Grasa de pella
- Repollo
- Puerro
- Sal

Preparación:

• Poner en remojo el maíz pisado y las alubias y dejar un día.

• Escurrir y tirar el agua.

• En una olla, poner abundante agua y hervir durante una hora el maíz, las alubias, la patita de cerdo. Cortar los cueritos de cerdo en tiritas y agregar.

• Añadir la panceta ahumada cortada en dados, la falda y la tripa gorda. Cortar en trozos los chorizos colorados y agregar.

• Hervir y espumar.

• Pelar, lavar y cortar en trozos el zapallo amarillo, el puerro, las batatas, el repollo y agregar al guiso anterior.

• Durante una hora, hervir hasta que todo esté tierno y espeso.

• Aparte, en la grasa de pella, freír las cebollas de verdeo picadas y sazonar con el pimentón dulce diluido en un poco de agua y ají molido picante. Salar.

• Agregar ésta última preparación a la anterior y servir bien caliente en platos soperos.

Pastel de cambray

Ingredientes:

MASA:

- Harina 500 g
- Huevos 5
- Azúcar 2 cdas.
- Copita de anís 1
- Grasa de pella 3 cdas.
- Sal

RELLENO:

- Pollo 1
- Aceite 1/2 taza
- Caldo de verdura 1/2 taza
- Cebolla grande 1
- Tomates 2
- Aceitunas verdes 100 g
- Perejil picado 2 cditas.
- Huevos duros 3
- Sal y pimienta negra

COBERTURA:

- Clara de huevo 1
- Azúcar

Preparación:

MASA:
  • Tamizar la harina con la sal y armar en forma de corona en la mesada.
  • En el hueco central agregar el resto de los ingredientes.
  • Integrar con la harina hasta obtener un bollo liso.
  • Reposar durante una hora cubierto con un paño limpio y seco.

RELLENO:
  • Cortar el pollo en presas y dorarlo en aceite en una olla de barro.
  • Agregar el caldo y cocinar hasta que la carne del pollo esté tierna.
  • Retirar las presas y deshuesarlas.
  • Picar la carne a cuchillo, lo mismo que la cebolla, los tomates y las aceitunas.
  • Mezclar todo y agregar perejil.
  • Salpimentar.

ARMADO:
  • Dividir la masa en dos mitades y estirarlas.
  • En una fuente de horno aceitada, estirar una de las dos mitades de masa y rellenar con la preparación.

- Picar los huevos duros y agregar.
- Cubrir con la otra mitad de la masa.
- Hacer un fuerte repulgue.
- Batir la clara de huevo con azúcar y pintar la superficie.
- Pinchar la masa con un tenedor en varios lugares
- Cocinar al horno hasta que la masa comience a dorarse.

Humita del norte

Ingredientes:

- Grasa de pella 200 g
- Choclos 10
- Leche 1 taza
- Cebolla
- Ajíes verdes
- Tomate picado
- Canela molida
- Pimentón dulce
- Azúcar molida
- Sal

Preparación:

• Cortar la cebolla muy fina y dorarla con la grasa de pella y los ajíes.

• Picar los tomates sacándoles las semillas y agregarlos.

• Cocinar y sazonar con sal, la canela molida y el pimentón dulce.

• Rallar los choclos y añadirlos.

• Cocinar todo lentamente.

• Si es necesario, para tiernizar, agregar leche.

• Poner todo en un recipiente y espolvorear con azúcar molida.

• Dorar 5 minutos en horno caliente.

• Servir.

Sopa norteña

Ingredientes:

• Zapallo (de 5 kg aprox.) 1
• Cebolla 1
• Leche 1/4 l
• Caldo desgrasado 1/4 l
• Queso mantecoso 300 g
• Grasa
• Agua

Preparación:

• Cortarle la tapa al zapallo para lograr un buen ahuecado. Lavarlo y cortarle la parte superior. Extraer las semillas y retirar la pulpa. Cortarla y reservarla.

• Picar la cebolla y freír en la grasa, agregando los trozos de zapallo, la leche, el caldo y el agua.

• Cocinar y luego licuar todo.

• Calentar la olla de zapallo y servir allí la sopa, agregándole el queso.

Pan de chicharrones

Ingredientes:

• Chicharrones 250 g
• Harina tamizada 1 kg
• Grasa de pella 100 g
• Levadura de cerveza 50 g
• Agua
• Sal

Preparación:

• Hacer una corona con la harina y colocar al agua, disolviendo en ella la sal y la grasa de pella.
• Agregar la levadura desgranada.
• Amasar hasta que quede una masa sedosa y elástica.
• Agregar los chicharrones y mezclarlos bien.
• Tapar la masa y dejar reposar 30 minutos.
• Armar bollos a gusto y dejarlos tapados durante 15 minutos.
• Cocinar en el horno no muy caliente hasta que la cubierta esté dorada y la miga cocida.

Guiso tilcareño

Ingredientes:

• Habas peladas 1 y 1/4 kg
• Papas 3
• Caldo de verduras 1 taza
• Queso rallado 100 g
• Tomates perita 3
• Aceite
• Cebolla
• Dientes de ajo

- Ají molido
- Ají
- Perejil
- Sal
- Pimienta

Preparación:

• Pelar las papas y cortarlas en cubos. Cocinarlas.

• Aparte, cocinar las habas en una cacerola con agua.

• Calentar en una cacerolita el aceite y freír los tomates cortados junto con la cebolla. Salpimentar.

• Cortar el ají en trozos y añadir junto a las papas y el caldo (desgrasado).

• Terminar la cocción y servir añadiendo el queso rallado y el perejil.

Empanadas santiagueñas

Ingredientes:

- Carne 300 g
- Tapas para empanadas al horno 1 paquete
- Cebollas 2
- Huevos duros 2
- Ají picante molido
- Pasas de uva
- Grasa de pella
- Pimentón
- Sal
- Comino

Preparación:

- Picar las cebollas y dorarlas en la grasa de pella.
- Agregar una pizca de sal y una cucharadita de agua, junto al pimentón, el ají molido y el comino.
- Cocinar y luego retirar para enfriar.
- Cortar la carne a cuchillo.
- Ponerla a sancochar pasándola por agua hirviendo.
- Escurrirla y dejarla enfriar.
- Como paso siguiente, unir el rehogado con la carne y agregar los huevos duros picados y las pasas de uva.
- Armar las empanadas pinchando la parte superior.
- Luego llevar al horno.

Carbonada en olla de zapallo

Ingredientes:

- Zapallo (de 5 kg aprox.) 1
- Zapallo 3/4 kg.
- Carne vacuna 1 kg
- Tomate 1 lata
- Zanahorias 3
- Papas 4
- Batatas 2
- Choclo 1 lata
- Duraznos en almíbar 3/4 taza
- Manteca
- Azúcar
- Leche
- Aceite
- Cebolla
- Hierbas aromáticas
- Caldo
- Azúcar
- Sal
- Pimienta

Preparación:

• Para lograr un buen ahuecado del zapallo, lavarlo y cortarle la parte superior. Extraer las semillas y untar el interior con la manteca. Luego espolvorear con azúcar para que no se seque, agregar un poco de leche y tapar.

• Asar en horno caliente durante 1 y 1/2 hora.

• Picar el ajo y la cebolla y rehogar en una sartén con aceite.

• Cortar la carne en trozos y agregar a la cocción. Añadir los tomates y cocinar 10 minutos más.

• Agregar las hierbas aromáticas y el caldo procurando cubrir los ingredientes.

• Incorporar el resto de los ingredientes: zanahorias, zapallo, papas, batatas cortadas en cubos choclo rallado. Salpimentar.

• Una vez que los ingredientes estén cocidos, retirar y rellenar la olla de zapallo.

• Llevar al horno 10 minutos y luego servir caliente.

Estofado del norte

Ingredientes:

• Carne vacuna 1/2 kg
• Carne de cerdo 1/2 kg
• Maíz 1/4 kg
• Zanahorias 2
• Papas 2
• Duraznos 4
• Vino blanco 1 vaso
• Grasa de pella

- Aceite
- Ají
- Cebolla
- Tomates
- Ají molido
- Orégano
- Perejil
- Sal

Preparación:

• Poner al maíz en remojo y cocerlo.

• En una cacerolita calentar la grasa en aceite.

• Cortar la carne de vaca y de cerdo en trozos y dorar, agregando las zanahorias y las papas cortadas en cubos.

• Agregar los duraznos, el vino, el agua y continuar la cocción a fuego lento.

• Aparte, freír en el aceite restante el ají, las cebollas y los tomates, picados previamente.

• Añadir al estofado y condimentar.

• Continuar la cocción hasta que esté cocido y espeso.

Empanadas de humita

Ingredientes:

- Discos de masa para empanadas 12
- Tomates 1 lata
- Choclo cremoso 1 lata
- Cebolla
- Ají
- Azúcar
- Huevo
- Sal y pimienta

Preparación:

- Enharinar la mesada y distribuir las tapas de empanadas.
- Una vez picada la cebolla, cocinar en una cacerola con agua hasta que esté un tanto blanda.
- Picar el ají y agregar junto con los tomates y el choclo cremoso.
- Continuar con la cocción.
- Una vez que el relleno se espese, condimentar a gusto y dejar enfriar.
- Distribuir el relleno sobre la masa. Batir el huevo y pintar el borde. Cerrar y realizar un repulgue firme.
- Con el sobrante del huevo, pintar las empanadas, llevar a horno caliente sobre una placa hasta dorar.

Tamales norteños

Ingredientes:

- Chalas secas de maíz 12
- Harina de maíz fina 2 tazas
- Caldo 2 tazas
- Grasa de pella 3 cdas.
- Carne vacuna picada con cuchillo 1/2 kg
- Huevos duros 2
- Cebolla picada rehogada en aceite 1
- Pasas de uva
- Aceitunas verdes descarozadas
- Pimentón
- Orégano
- Comino
- Sal y pimienta

Preparación:

• Para que las chalas pierdan su rigidez, se deben incorporar a un recipiente con agua caliente.

• Dejar reposar y escurrir.

• Cocinar en una cacerola la harina de maíz con el caldo y lograr una masa espesa.

• Colocar dos chalas superpuestas en forma de cruz y agregar una buena porción de masa.

• Cortar la carne a cuchillo y saltear la carne en la grasa.

• Humedecer con unas gotas de agua.

• Cuando esté rehogada salpimentar y agregar el pimentón, el comino y el orégano.

• Retirar del fuego e incorporar los huevos picados. También remojar las pasas de uva y agregarlas, junto a las aceitunas picadas y la cebolla. Mezclar.

• Colocar una porción del relleno sobre el colchón de harina de maíz y cerrar la chala como si fuese un pequeño paquete, atándolo con las mismas hebras secas de la chala.

• Hervirlas con agua y sal. Retirarlas, escurrirlas y servir calientes.

Humita en chala

Ingredientes:

• Choclos 12
• Cebollas 2
• Tomates 2
• Morrón rojo 1
• Aceite 2 cdas.
• Pimentón
• Sal
• Pimienta
• Leche
• canela y azúcar

Preparación:

• Hervir los choclos en agua con sal hasta que estén tiernos.

• Retirarlos y rallar los granos.

• Colocar en un bol la leche, la canela y el azúcar. Añadir los granos y reservar esa preparación.

• Picar las cebollas y el morrón rojo.

• Pelar los tomates y picarlos en trozos pequeños.

• Calentar el aceite en una sartén y rehogar la cebolla.

• Cuando se vuelva transparente añadir el tomate y el morrón.

• Conservar a fuego mínimo algunos minutos hasta que los ingredientes se ablanden y apagar el fuego.

• Reunir las dos preparaciones sin dejar de batir y condimentar con pimentón.

• Colocar dos hojas de maíz en forma de X y, en el centro donde se cruzan, depositar una porción del relleno preparado.

• Levantar las hojas como si se estuviese armando un paquete y atar con algún hilo de la misma chala.

• Cocinar en una olla con agua salada durante 60 minutos.

Empanadas tucumanas

Ingredientes:

- Discos de masa para empanadas 24
- Carne de matambre 600 g
- Grasa de pella 150 g
- Cebollas 2
- Cebollitas de verdeo 2
- Huevos duros 3
- Comino
- Sal
- Pimienta
- Pimentón

Preparación:

- Cortar la carne de matambre, con cuchillo, en trozos pequeños.
- Picar las cebollas y las cebollitas de verdeo.
- Rehogar las cebollas en una sartén con la grasa.
- A los 5 minutos agregar agua a la sartén.
- Añadir la carne y cocinarla hasta que se tiernice.
- Condimentar, retirar del fuego y dejar enfriar.
- Incorporar los huevos picados.
- Llevar el relleno preparado a la heladera durante 60 minutos.
- Armar las empanadas y llevarlas a horno moderado hasta que se doren.

• Las empanadas tucumanas, como la mayoría de las empanadas norteñas, son mucho más ricas hechas al horno de barro.

Empanadas sanjuaninas

Ingredientes:

• Discos de masa para empanadas 12
• Carne picada 300 g
• Grasa de pella 150 g
• Aceitunas verdes 12
• Cebollitas de verdeo 2
• Tomates 2
• Cebolla 1
• Morrón 1
• Ají molido
• Pimentón
• Nuez moscada
• Sal
• Pimienta

Preparación:

• Picar las cebollas y el morrón.
• Pelar, quitar las semillas y triturar los tomates.
• Rehogar las cebollas en una sartén con grasa derretida.
• Incorporar el morrón y los tomates.
• Agregar la carne picada.
• Condimentar a gusto (con los ingredientes propuestos o con otros) y retirar del fuego apenas la carne se haya sellado, es decir, haya cambiado de color, pero sin llegar a cocinarse.
• Incorporar las aceitunas a la preparación.
• Dejar el relleno, por lo menos, 45 minutos en la heladera.
• Rellenar las empanadas y, luego de humedecer los bordes de cada disco de masa, realizar el repulgue que más le agrade.
• Llevar a horno moderado hasta que se doren.

Dorado al horno con vegetales

Ingredientes:

• Dorado (de aprox. 1, 250 kg) 1
• Papas 200 g
• Batatas 200 g
• Tomates 3
• Zanahorias 3

- Apios 2
- Puerros 2
- Morrón rojo 1/2
- Morrón verde 1/2
- Almendras tostadas 10
- Ajo 3 dientes
- Aceite de oliva 50 cm^3
- Jugo de limón 2 cdas.
- Perejil 3 cdas.
- Romero 1 cda.
- Orégano
- Sal
- Pimienta

Preparación:

• Limpiar el pescado y prepararlo para llevarlo al horno.

• A la misma fuente que se usará para la cocción se la condimenta con sal, pimienta y orégano.

• Rociar con el jugo de limón y dejar descansar.

• Pelar los tomates.

• Picar las zanahorias, los morrones y los tomates en cubitos.

• Cortar el apio y el puerro en anillos pequeños.

• Pelar las papas y las batatas y cortarlas en dados de no más de 2 centímetros.

• Picar el ajo.

• Todos los vegetales preparados se colocan alrededor del pescado.

• Espolvorear con ajo picado, perejil y romero. Rociar con aceite.

• Cubrir la fuente con papel de aluminio y llevar a horno moderado a fuerte al menos 30 minutos.

Surubí relleno

Ingredientes:

- Surubí (de aprox. 1,250 kg) 1
- Miga de pan 400 g
- Caldo de vegetales 250 cm^3
- Leche 125 cm^3
- Manteca 100 g
- Cebollas chicas 4
- Zanahorias 4
- Apio 8 tallos
- Hojas de salvia 8 hojas
- Huevos 3
- Cáscara de limón 1
- Perejil 1 ramita
- Sal
- Pimienta

Preparación:

• Colocar la miga de pan en remojo con la leche.
• Picar las cebollas, el ajo, el apio y las zanahorias. Mezclar todo.
• Derretir la manteca en una sartén y rehogar todos los ingredientes anteriores. Separar en dos partes iguales y reservar.
• Batir los huevos y salarlos.
• Rallar la cáscara de limón.
• Picar el perejil y las hojas de salvia bien finitas.
• En un bol colocar la miga de pan con la mitad de los vegetales fritos.
• Añadir los huevos, la ralladura de limón, la salvia y el perejil.
• Salpimentar a gusto. Como opcional se puede añadir algún condimento de su preferencia: tomillo, comino u otro.
• Mezclar esta preparación y utilizarla para rellenar el surubí.
• Atarlo suavemente con algunas vueltas de hilo o sujetarlo con palillos para que no se desarme y se lo pueda dar vuelta durante la cocción.
• Enmantecar o aceitar una placa para horno.
• Colocar el surubí relleno y salpimentarlos por fuera abundantemente.
• Rociarlo con la mitad reservada del sofrito inicial.
• Llevar a horno fuerte durante 30 minutos.

Mbaipí

Ingredientes:

- Carnaza 1/2 kg
- Cebollas 2
- Harina de maíz 1/2 kg
- Queso fresco 1/2 kg
- Hoja de laurel 1
- Agua
- Aceite
- Sal
- Pimienta

Preparación:

- Picar las cebollas y dorarlas en una sartén con aceite.
- Cortar la carnaza en cubos chicos, agregar y dorar.
- Agregar el laurel, la harina de maíz y salpimentar, incorporando agua.
- Cortar el queso en trozos y añadir una vez cocida la preparación.
- Servir caliente.

Dorado en escabeche

Ingredientes:

- Dorado 1 y 1/2 kg
- Cebolla 1
- Zanahorias 2
- Harina
- Aceite
- Hojas de laurel
- Clavos de olor
- Pimienta en granos
- Vinagre
- Limón en rodajas
- Sal

Preparación:

- Cortar el dorado en rodajas.
- Pasarlas por harina y dorarlas en una sartén con aceite.
- Cortar la zanahoria en juliana y la cebolla en pequeños trocitos.
- Colocar ambos ingredientes en una sartén profunda y cocinar.
- Agregar las rodajas de dorado junto al laurel, los clavos de olor y la pimienta en granos.
- Sazonar y bañar con el vinagre, completando la cocción.
- Rociar con limón y servir frío.

Chipá

Ingredientes:

- Queso fresco 1/2 kg
- Harina de mandioca 3/4 kg
- Huevos 4
- Grasa de pella tibia 200 g
- Leche
- Sal

Preparación:

- Desmenuzar el queso con un tenedor.
- Formar una corona sobre la mesada.
- Incorporar en el centro los huevos y la grasa.
- Incorporando la leche, unir hasta obtener una masa blanda.
- Tomar porciones de masa y darle forma de pancitos pequeños.
- Realizar con un cuchillo un pequeño corte en la parte superior.
- En horno caliente, cocinar en una placa engrasada.

Bagna cauda

Ingredientes:

- Anchoas 10
- Ajo 2 cabezas
- Crema 800 cm^3

Acompañamiento: (a gusto)

- Cebollas
- Zanahorias
- Repollitos de Bruselas
- Ravioles hervidos
- Pollo hervido
- Queso Fontina
- Queso Mar del Plata

Preparación:

• Limpiar los filetes de anchoas para retirarles algún resto de espinazo que conserven.

• Lavarlas con agua para quitarles el exceso de sal.

• Pelar los ajos y separar los dientes.

• Introducir ambos ingredientes en una licuadora y procesarlos hasta convertirlos en una pasta uniforme. Si es necesario añadir algunas cucharadas de aceite para facilitar la mezcla.

• Calentar la crema en una olla e introducir el puré de anchoas.

• Sin dejar de revolver, continuar la cocción hasta que aparezcan algunas burbujas, pero sin dejar hervir como si fuese agua.

• La crema de anchoas se lleva a la mesa al calor (en una olla tipo fondue) y los demás ingredientes sugeridos, que pueden ser reemplazados, se sirven en cazuelas cortados en cubos.

• Acompañar con palillos o tenedores largos para pinchar las verduras o los demás componentes y bañarlos en la salsa.

Pedro Vicente

Ingredientes:

• Carne sin hueso 1/4 kg
• Zapallo 1/4 kg
• Papas 2
• Zanahorias 2
• Repollo 1/4 kg
• Porotos 200 g
• Arroz 150 g
• Fideos para sopa 1 taza
• Agua
• Comino
• Orégano
• Aceite
• Cebolla

- Tomate pelado
- Ají

Preparación:

• En una cacerola grande poner agua y agregar la carne sin hueso trozada.

• Cortar en dados el zapallo, las papas, las zanahorias y agregarlos junto al repollo en juliana y los porotos.

• Una vez cocidos los ingredientes agregar el arroz y los fideos. Sazonar y añadir el comino y el orégano.

• En una sartén aparte, freír en aceite la cebolla, el tomate pelado y el ají, previamente picado.

• Agregar todo al puchero.

• Servir en platos soperos.

Dorado a la parrilla

Ingredientes:

- Dorado 1
- Tomates 3
- Morrón verde 1
- Cebolla 1
- Ajo 2 dientes
- Limones 3
- Orégano
- Sal
- Pimienta

Preparación:

- Picar la cebolla, el morrón y el ajo muy finitos.
- Pelar, quitar las semillas y triturar los tomates.
- Calentar aceite en una sartén y rehogar la cebolla y el ajo.
- Incorporar el morrón.
- Añadir el tomate a la sartén y cocinar 10 minutos a fuego moderado.
- Condimentar a gusto, retirar del fuego y reservar.
- Limpiar el dorado, abrirlo al medio y quitarle las espinas. Para asar a la parrilla, es aconsejable dejar las escamas del dorado.
- Salar el pescado y colocar la salsa preparada a modo de relleno.
- Llevar a la parrilla y, durante la cocción, humedecer con jugo de limón.

• Conservar del mismo lado hasta que el dorado esté cocido, luego dar vuelta y asar casi el mismo tiempo del otro lado.
• Servir acompañado de ensaladas.

Empanadas santafesinas

Ingredientes:

• Discos de masa para empanadas 12
• Carne de cerdo 250 g
• Salchichas parrilleras 2
• Cebollas 2
• Morrón rojo 1
• Zanahoria 1
• Aceitunas negras 6
• Pasas de uva 25 g
• Ajo 2 dientes
• Perejil picado 2 cdas.
• Sal
• Pimienta

Preparación:

• Pelar y rallar la zanahoria.
• Trocear las salchichas.
• Picar la cebolla, la cebollita de verdeo y el morrón.
• Cortar la carne en trozos pequeños, usando un cuchillo.
• Calentar el aceite en una sartén.
• Rehogar las cebollas y el morrón.
• Añadir la carne.
• Incorporar la zanahoria, la salchicha y el perejil.
• Condimentar a gusto.
• Retirar del fuego cuando la carne se haya sellado.
• Retirar y dejar enfriar a temperatura ambiente.
• Agregar las aceitunas picadas y las pasas de uva.
• Enfriar en la heladera 1 hora.
• Armar las empanadas y llevar a horno moderado.
• Cocinar hasta que se doren.

DE NORTE A SUR, TENTACIONES DULCES

Dulce de leche de las pampas

Ingredientes:

- Leche 3 l
- Azúcar 1 kg
- Vainilla 1 chaucha
- Bicarbonato de sodio 1 cdita.

Preparación:

• Colocar en una cacerola la leche, la vainilla, el bicarbonato y el azúcar.

• Con una cuchara de madera, revolver hasta que la leche rompa el hervor.

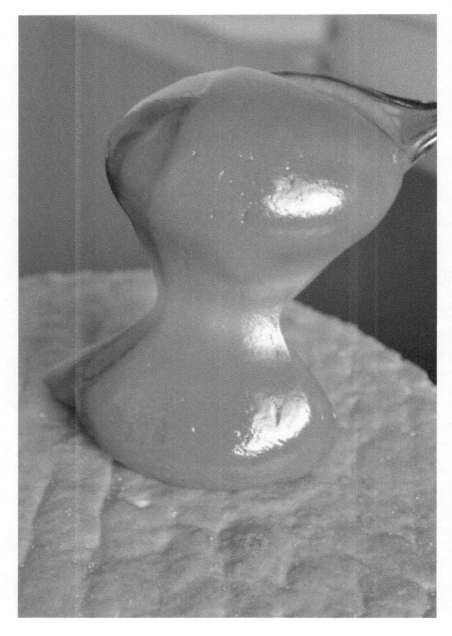

• Al empezar a hervir, bajar el fuego al mínimo y continuar revolviendo hasta que se espese.

• Cuando se vuelve bien espeso y consistente, subir el fuego nuevamente hasta que hierva.

• Dejar enfriar a temperatura ambiente, colocar en frascos y llevar a la heladera.

Dulce de leche tipo argentino

Ingredientes:

- Leche 2 l
- Azúcar 650 g
- Crema 650 cm^3
- Agua 100 cm^3
- Bicarbonato de sodio 2 cditas.
- Esencia de vainilla 2 cdita
- Glucosa 1 cdita.

Preparación:

• En una cacerola colocar la mitad de la leche.
• A fuego moderado llevarla a punto de ebullición.
• Colocar el fuego al mínimo y mantener 3 minutos.
• Añadir el azúcar, el resto de la leche y la crema.

• Conservar en el fuego hasta que hierva nuevamente y, a partir de ese momento, conservar otros 3 minutos sobre la hornalla. Durante todo este tiempo, no dejar de revolver usando una cuchara de madera.

• Retirar del fuego, pero conservar al calor.

• En el agua, disolver el bicarbonato y agregarlo a la cacerola.

• Incorporar la esencia de vainilla e, inmediatamente, volver al fuego moderado.

• La cocción final puede durar más de 2 horas, hasta que el dulce se espese y adquiera consistencia.

• Revolver cada 5 o 6 minutos para mezclar bien los ingredientes.

• Unos 10 minutos antes de finalizar la cocción, añadir la glucosa y revolver hasta el final.

• Apagar el fuego y revolver 5 minutos.

• Colocar agua fría dentro de una cacerola más grande y allí colocar la olla caliente para que se enfríe.

• Dejar a temperatura ambiente y envasar para llevar a la heladera.

Tortas fritas

Ingredientes:

- Harina 500 g
- Agua 200 cm^3
- Margarina 3 cdas.
- Azúcar 3 cdas.
- Huevo 1
- Polvo para hornear 1 cda.
- Sal 1 cdita.
- Aceite (para freír)
- Azúcar (para espolvorear)

Preparación:

- Colocar en un bol la harina tamizada y el polvo para hornear.
- Incorporar el huevo, el agua, el azúcar y la margarina.
- Trabajar la masa hasta obtener una mezcla uniforme. Estirarla sobre la mesa hasta darle un espesor de 1 cm.
- Untar esa masa con la margarina, espolvorearla con harina y doblarla por la mitad.
- Dejar descansar la masa 30 minutos.
- Estirarla nuevamente hasta que alcance un espesor de 1 cm y cortar cada torta frita con un molde, un cortapasta, un vaso, o simplemente con un cuchillo.
- Pinchar cada porción de masa con un tenedor en el centro.
- Freír las tortas fritas en abundante aceite.
- Colocarlas sobre papel absorbente y espolvorearlas con azúcar.

Ensaimadas

Ingredientes:

- Harina 000 3 kg
- Agua 1 l
- Azúcar 1 kg
- Huevos 10
- Levadura 75 g
- Manteca

Preparación:

• Colocar la harina sobre una superficie plana en forma de anillo.

• En el centro colocar los huevos, el azúcar, el agua y la levadura.

• Ir volcando la harina hacia el centro y mezclarla con los demás ingredientes.

• Esta masa lleva bastante tiempo de trabajo, ya que debe amasarse con las manos hasta que la misma no se quede pegada a los dedos.

• Colocarla en un bol y dejarla reposar 90 minutos en un lugar templado.

• Estirar la masa, untarla con manteca y enrollarla para darle la forma clásica de espiral de las ensaimadas.

• Colocar los discos sobre una placa para horno aceitada y dejar reposar otros 30 a 45 minutos.

• Llevar a horno moderado hasta que estén doradas.

Empanaditas de cayote

Ingredientes:

- Harina 400 g
- Dulce de cayote 350 g
- Manteca 250 g
- Vino tinto dulce 50 cm^3
- Polvo para hornear 2 cditas.
- Azúcar impalpable 3 cdas.
- Yemas 2
- Sal 1 cdita.

Preparación:

- Derretir la manteca.
- Unir en un bol la harina tamizada, el polvo para hornear, la sal, las yemas y la manteca.
- Trabajar todos los ingredientes hasta formar un bollo homogéneo.
- Dejar descansar en un lugar templado, cubierto con un film durante 30 minutos.
- En ese tiempo colocar el dulce de cayote en un bol y desintegrarlo con un tenedor.
- Añadir el vino y batir hasta formar una pasta cremosa. Reservar.
- Colocar el bollo en una superficie plana enharinada y estirarlo con un palo de amasar.
- Con un cortapastas hacer discos de 9 o 10 centímetros.
- Armar las empanaditas colocando una cucharada de dulce en el centro y doblando el disco de masa al medio.

• Humedecer los bordes y cerrar la empanada a gusto.

• Distribuir en una placa para horno enmantecada y llevar a horno moderado.

• Espolvorear con azúcar impalpable y servir tibias.

Alfajores del norte

Ingredientes:

- Harina 250 g
- Miel de caña 300 g
- Azúcar 300 g
- Nueces picadas 100 g
- Yemas 8
- Claras 8
- Grasa 2 cditas.
- Vinagre de vino 50 cm^3
- Anís 50 cm^3
- Coñac 2 cditas.
- Polvo para hornear 6 cditas.

Preparación:

- Derretir la grasa.
- En un bol batir las yemas junto a la grasa.
- Incorporar el vinagre, el anís y el coñac.
- Mezclar bien y agregar la harina tamizada y el polvo para hornear.
- Trabajar la masa con las manos hasta que esté lisa, uniforme y suave.
- Dejarla descansar a temperatura ambiente 30 minutos.
- Estirarla bien finita y cortarla en discos.
- Pinchar los mismos con un tenedor 2 o 3 veces y llevar a horno moderado hasta que se doren.
- En una cacerola mezclar la miel con el azúcar y llevar a fuego moderado hasta que rompa el hervor. Separar del fuego y reservar.
- En un bol batir las claras a nieve y mezclarlas con el almíbar de miel.
- Con esa preparación de miel armar los alfajores colocando algunas nueces picadas en el relleno.

Pastelitos criollos

Ingredientes:

- Harina 000 600 g
- Agua 250 cm^3
- Dulce de membrillo 200 g
- Manteca 200 g
- Nueces bien picadas 100 g
- Polvo para hornear 3 cditas.
- Sal fina 1 cda.
- Grasa para freír
- Almíbar 6 cdas.
- Grageas de colores para decorar

Preparación:

- Ablandar las 2/3 partes de la manteca.
- Mezclar la harina, el polvo para hornear y la sal.
- Colocar estos ingredientes tamizados sobre una mesa en forma de anillo, realizando un hoyo en el centro.
- Volcar el agua en el centro y agregar la manteca.
- Unir los ingredientes con la mano, volcando la harina desde las paredes hacia el centro de la mezcla.
- Trabajar hasta que la preparación alcanzada sea suave, uniforme y no se pegue en las manos.
- Enharinar la mesa y estirar el bollo de masa con un palote hasta que tenga una altura de 1 a 1,5 centímetros.

• Ablandar el resto de la manteca y pincelar la masa.

• Doblarla en varias partes, volver a estirarla y enmantecarla otra vez. Repetir esta operación (estirar, enmantecar, doblar y volver a estirar) 3 veces.

• Estirar la masa, finalmente, dejándola de menos de 1 centímetro.

• Cortar cuadrados de 10 centímetros.

• En el centro de uno de ellos colocar un trozo de dulce de membrillo y media cucharadita de nueces bien picadas.

• Humedecer los bordes con agua y cerrar el pastelito con otro cuadrado de masa, presionando en los bordes con los dedos.

• Repetir esta tarea toda la cantidad de veces que sea necesaria para utilizar todos los trozos de masa.

• Derretir la grasa en una sartén y freír los pastelitos hasta que estén dorados.

• Reservar sobre papel absorbente, bañar con un poco de almíbar y espolvorear con fideitos de colores.

Zapallo en almíbar

Ingredientes:

- Zapallo anco 1
- Cal viva 3 cdas.
- Agua
- Azúcar
- Limón 1

Preparación:

• Lavar muy bien el zapallo y el limón, cepillándolos.

• Cortar el zapallo por la mitad y quitarle las semillas.

• Cortarlo en rodajas y retirarle la cáscara.

• Cortar las rodajas en cubos parejos de aproximadamente 2 centímetros de lado.

• Volcar 5 litros de agua en un bol y agregar la cal viva.

• Mezclar cuidadosamente para evitar quemaduras. Incorporar los cubos de zapallo y dejarlos en remojo de un día para el otro.

• Pasado el tiempo de reposo, retirarlos del bol y enjuagarlos varias veces.

• Desechar la mezcla de cal y agua.

• Colocar los cubos de zapallo en una olla con abundante agua y llevarlos al fuego.

• Después de que alcancen el punto de ebullición, blanquearlos hasta que comiencen a ablandarse (no se deben cocinar).

• Retirarlos de la olla y pesarlos.

• Reservar el agua del blanqueado.

• Exprimir el limón.

• Calcular 1 kilo de azúcar y 1 litro de agua del blanqueado, por cada kilo de zapallo.

• Pinchar los cubos de zapallo con un tenedor y reservarlos.

• En una cacerola, calentar el azúcar con el agua del blanqueado y el jugo de limón.

• Cuando la mezcla alcance el hervor, incorporar los cubos de zapallo y cocinarlos a fuego suave hasta que estén transparentes y tiernos.

• Retirar la preparación del fuego y distribuirla en frascos previamente esterilizados.

• En esta receta se debe tener en cuenta que los cubos de zapallo deben quedar cubiertos por el almíbar, durante todo el procedimiento.

• Esta preparación dura 6 meses.

• Una vez abierta, guardarla en la heladera y consumirla dentro de los primeros 5 días.

Lightning Source UK Ltd.
Milton Keynes UK
UKHW010130060922
408363UK00002B/269

9 798656 284196